**E. T. A. Hoffmann**

**Deutsche Klassiker**

Band 47

# Die Jesuiterkirche in G.

**Bibliografische Information der Deutschen Nationalbibliothek:**

Die Deutsche Bibliothek verzeichnet diese Publikation in der Deutschen National-
bibliografie; detaillierte bibliografische Daten sind im Internet über http://dnb.d-
nb.de/ abrufbar.

**Impressum:**

Copyright © 2008 GRIN Verlag GmbH
Druck und Bindung: Books on Demand GmbH, Norderstedt Germany
ISBN: 978-3-640-23579-7

**Dieses Buch bei GRIN:**

http://www.grin.com/de/e-book/120171/die-jesuiterkirche-in-g

**GRIN - Your knowledge has value**

Der GRIN Verlag publiziert seit 1998 wissenschaftliche Arbeiten von Studenten, Hochschullehrern und anderen Akademikern als eBook und gedrucktes Buch. Die Verlagswebsite www.grin.com ist die ideale Plattform zur Veröffentlichung von Hausarbeiten, Abschlussarbeiten, wissenschaftlichen Aufsätzen, Dissertationen und Fachbüchern.

**Besuchen Sie uns im Internet:**

http://www.grin.com/

http://www.facebook.com/grincom

http://www.twitter.com/grin_com

E. T. A. Hoffmann

# Die Jesuiterkirche in G.

[aus „gesammelte Werke in Einzelausgaben:
erstmalig erschienen 1817]

In eine elende Postchaise gepackt, die die Motten, wie die Ratten Prosperos Fahrzeug, aus Instinkt verlassen hatten, hielt ich endlich, nach halsbrechender Fahrt, halb gerädert, vor dem Wirtshause auf dem Markte in G. Alles Unglück, das mir selbst begegnen können, war auf meinen Wagen gefallen, der zerbrochen bei dem Postmeister der letzten Station lag. Vier magere abgetriebene Pferde schleppten nach mehrern Stunden endlich mit Hülfe mehrerer Bauern und meines Bedienten das baufällige Reisehaus herbei; die Sachverständigen kamen, schüttelten die Köpfe und meinten, daß eine Hauptreparatur nötig sei, die zwei, auch wohl drei Tage dauern könne. Der Ort schien mir freundlich, die Gegend anmutig, und doch erschrak ich nicht wenig über den mir gedrohten Aufenthalt. Warst du, günstiger Leser! jemals genötigt, in einer kleinen Stadt, wo du niemanden – niemanden kanntest, wo du jedem fremd bliebst, drei Tage zu verweilen, und hat nicht irgendein tiefer Schmerz den Drang nach gemütlicher Mitteilung in dir weggezehrt, so wirst du mein Unbehagen mit mir fühlen. In dem Wort geht ja erst der Geist des Lebens auf in allem um uns her; aber die Kleinstädter sind wie ein in sich selbst verübtes, abgeschlossenes Orchester eingespielt und eingesungen, nur ihre eignen Stücke gehen rein und richtig, jeder Ton des Fremden dissoniert ihren Ohren und bringt sie zum Schweigen. – Recht mißlaunig schritt ich in meinem Zimmer auf und ab; da fiel mir plötzlich ein, daß ein Freund in der Heimat, der ehemals ein paar Jahre hindurch in G. gewesen, oft von einem gelehrten geistreichen Manne sprach, mit dem er damals viel umgegangen. Auch des Namens erinnerte ich mich: es war der Professor im Jesuiter-Collegio Aloysius Walther. Ich beschloß hinzugehen und meines Freundes Bekanntschaft für mich selbst zu nutzen. Man sagte mir im Collegio, daß Professor Walther zwar eben lese, aber in kurzer Zeit endigen werde, und stellte mir frei, ob ich wiederkommen oder in den äußeren Sälen verweilen wolle. Ich wählte das letzte. Überall sind die Klöster, die Kollegien, die Kirchen der Jesuiten in jenem italienischen Stil gebaut, der, auf antike Form und Manier gestützt, die Anmut und Pracht dem

2

heiligen Ernst, der religiösen Würde vorzieht. So waren auch hier die hohen, luftigen, hellen Säle mit reicher Architektur geschmückt, und sonderbar genug stachen gegen Heiligenbilder, die hie und da an den Wänden zwischen ionischen Säulen hingen, die Superporten ab, welche durchgehends Genientänze oder gar Früchte und Leckerbissen der Küche darstellten. – Der Professor trat ein, ich erinnerte ihn an meinen Freund und nahm auf die Zeit meines gezwungenen Aufenthalts seine Gastlichkeit in Anspruch. Ganz wie ihn mein Freund beschrieben, fand ich den Professor; hellgesprächig – weltgewandt – kurz, ganz in der Manier des höheren Geistlichen, der, wissenschaftlich ausgebildet, oft genug über das Brevier hinweg in das Leben geschaut hat, um genau zu wissen, wie es darin hergeht. Als ich sein Zimmer auch mit moderner Eleganz eingerichtet fand, kam ich auf meine vorigen Bemerkungen in den Sälen zurück, die ich gegen den Professor laut werden ließ. „Es ist wahr", erwiderte er, „wir haben jenen düstern Ernst, jene sonderbare Majestät des niederschmetternden Tyrannen, die im gotischen Bau unsere Brust beklemmt, ja wohl ein unheimliches Grauen erregt, aus unseren Gebäuden verbannt, und es ist wohl verdienstlich, unsern Werken die regsame Heiterkeit der Alten anzueignen." – „Sollte aber", erwiderte ich, „nicht eben jene heilige Würde, jene hohe, zum Himmel strebende Majestät des gotischen Baues recht von dem wahren Geist des Christentums erzeugt sein, der, übersinnlich, dem sinnlichen, nur in dem Kreis des Irdischen bleibenden Geiste der antiken Welt geradezu widerstrebt?" – Der Professor lächelte. „Ei", sprach er, „das höhere Reich soll man erkennen in dieser Welt, und diese Erkenntnis darf geweckt werden durch heitere Symbole, wie sie das Leben, ja der aus jenem Reich ins irdische Leben herabgekommene Geist darbietet. Unsere Heimat ist wohl dort droben; aber solange wir hier hausen, ist unser Reich auch von dieser Welt." Jawohl, dachte ich: in allem, was ihr tatet, bewieset ihr, daß euer Reich von dieser Welt, ja nur allein von dieser Welt ist. Ich sagte aber das, was ich dachte, keinesweges dem Professor Aloysius Walther, welcher also fortfuhr: „Was Sie von der Pracht unserer Gebäude hier am Orte sagen, möchte sich wohl nur auf die

3

Annehmlichkeit der Form beziehen. Hier, wo der Marmor unerschwinglich ist, wo große Meister der Malerkunst nicht arbeiten mögen, hat man sich, der neuern Tendenz gemäß, mit Surrogaten behelfen müssen. Wir tun viel, wenn wir uns zum polierten Gips versteigen, mehrenteils schafft nur der Maler die verschiedenen Marmorarten, wie es eben jetzt in unserer Kirche geschieht, die, Dank sei es der Freigebigkeit unserer Patronen, neu dekoriert wird." Ich äußerte den Wunsch, die Kirche zu sehen; der Professor führte mich hinab, und als ich in den korinthischen Säulengang, der das Schiff der Kirche formte, eintrat, fühlte ich wohl den nur zu freundlichen Eindruck der zierlichen Verhältnisse. Dem Hochaltare links war ein hohes Gerüste errichtet, auf dem ein Mann stand, der die Wände in Gialloantik übermalte. „Nun, wie geht es, Berthold?" rief der Professor hinauf. Der Maler wandte sich nach uns um, aber gleich fuhr er wieder fort zu arbeiten, indem er mit dumpfer, beinahe unvernehmbarer Stimme sprach: „Viel Plage – krummes verworrenes Zeug – kein Lineal zu brauchen – Tiere – Affen – Menschengesichter – Menschengesichter – o ich elender Tor!" Das letzte rief er laut mit einer Stimme, die nur der tiefste, im Innersten wühlende Schmerz erzeugt; ich fühlte mich auf die seltsamste Weise angeregt, jene Worte und der Ausdruck des Gesichts, der Blick, womit er zuvor den Professor anschaute, brachten mir das ganze zerrissene Leben eines unglücklichen Künstlers vor Augen. Der Mann mochte kaum über vierzig Jahre alt sein; seine Gestalt, war sie auch durch den unförmlichen schmutzigen Maleranzug entstellt, hatte was unbeschreiblich Edles, und der tiefe Gram konnte nur das Gesicht entfärben, das Feuer, was in den schwarzen Augen strahlte, aber nicht auslöschen. Ich frug den Professor, was es mit dem Maler wohl für eine Bewandtnis hätte. „Es ist ein fremder Künstler", erwiderte er, „der sich gerade zu der Zeit hier einfand, als die Reparatur der Kirche beschlossen worden. Er unternahm die Arbeit, die wir ihm antrugen, mit Freuden, und in der Tat war seine Ankunft ein Glücksfall für uns; denn weder hier noch in der Gegend weitumher hätten wir einen Maler auftreiben können, der für alles, dessen es hier zu malen bedarf, so tüchtig gewesen wäre. Übrigens

4

ist es der gutmütigste Mensch von der Welt, den wir alle recht lieben, und so kommt es denn, daß er in unserm Collegio gut aufgenommen wurde. Außer dem ansehnlichen Honorar, das er für seine Arbeit erhält, verköstigen wir ihn; dies ist aber für uns ein sehr geringer Aufwand, denn er ist beinahe zu mäßig, welches freilich seinem kränklichen Körper zusagen mag."

„Aber", fiel ich ein, „er schien heute so mürrisch – so aufgeregt." – „Das hat seine besondere Ursache", erwiderte der Professor, „doch lassen Sie uns einige schöne Gemälde der Seitenaltäre anschauen, die vor einiger Zeit ein glücklicher Zufall uns verschaffte. Nur ein einziges Original, ein Domenichino, ist dabei, die anderen sind von unbekannten Meistern der italienischen Schule, aber sind Sie vorurteilsfrei, so werden Sie gestehen müssen, daß jedes den berühmtesten Namen tragen dürfte." Ich fand es ganz so, wie der Professor gesagt hatte. Es war seltsam, daß das einzige Original gerade zu den schwächern Stücken gehörte, war es nicht wirklich das schwächste, und daß dagegen die Schönheit mancher Gemälde ohne Namen mich unwiderstehlich hinriß. Über das Gemälde eines Altars war eine Decke herabgelassen; ich frug nach der Ursache. „Dies Bild", sprach der Professor, „ist das schönste, was wir besitzen, es ist das Werk eines jungen Künstlers der neueren Zeit – gewiß sein letztes, denn sein Flug ist gehemmt. – Wir mußten in diesen Tagen das Gemälde aus gewissen Gründen verhängen lassen, doch bin ich vielleicht morgen oder übermorgen imstande, es Ihnen zu zeigen." – Ich wollte weiter fragen, indessen schritt der Professor rasch durch den Gang fort, und das war genug, um seine Unlust zu zeigen, mir weiter zu antworten. Wir gingen in das Collegium zurück, und gern nahm ich des Professors Einladung an, der mit mir nachmittags einen nahgelegenen Lustort besuchen wollte. Spät kehrten wir heim, ein Gewitter war aufgestiegen, und kaum langte ich in meiner Wohnung an, als der Regen herabströmte. Es mochte wohl schon Mitternacht sein, da klärte sich der Himmel auf, und nur noch entfernt murmelte der Donner. Durch die geöffneten Fenster wehte die laue, mit Wohlgerüchen geschwängerte Luft in das dumpfe Zimmer, ich konnte der Versuchung nicht widerstehen, unerachtet ich müde genug war, noch einen Gang zu machen; es glückte mir, den mürrischen Hausknecht, der schon seit zwei Stunden schnarchen mochte, zu erwecken und ihn zu bedeuten, daß es kein Wahnsinn sei, noch um Mitternacht spazierenzugehen; bald befand ich mich auf der Straße. Als ich bei der Jesuiterkirche vorüberging, fiel mir das blendende Licht auf, das durch ein Fenster strahlte. Die kleine Seitenpforte war nur angelehnt, ich trat hinein und wurde gewahr, daß vor einer hohen Blende eine Wachsfackel brannte. Näher gekommen, bemerkte ich, daß vor der Blende ein Netz von Bindfaden ausgespannt war, hinter dem eine dunkle Gestalt eine Leiter hinauf- und hinuntersprang und in die Blende etwas hineinzuzeichnen schien. Es war Berthold, der den Schatten des Netzes mit schwarzer Farbe genau überzog. Neben der Leiter auf einer hohen Staffelei stand die Zeichnung eines Altars. Ich erstaunte über den sinnreichen Einfall. Bist du, günstiger Leser, mit der edlen Malerkunst was weniges vertraut, so wirst du ohne weitere Erklärung sogleich wissen, was es mit dem Netz, dessen Schattenstriche Berthold in die Blende hineinzeichnete, für eine Bewandtnis hat. Berthold sollte in die Blende einen hervorspringenden Altar malen. Um die kleine Zeichnung richtig in das Große zu übertragen, mußte er beides, den Entwurf und die Fläche, worauf der Entwurf ausgeführt werden sollte, dem gewöhnlichen Verfahren gemäß mit einem Netz überziehn. Nun war es aber keine Fläche, sondern eine halbrunde Blende, worauf gemalt werden sollte; die Gleichung der Quadrate, die die krummen Linien des Netzes auf der Höhlung bildeten, mit den geraden des Entwurfs und die Berichtigung der architektonischen Verhältnisse, die sich herausspringend darstellen sollten, war daher nicht anders zu finden als auf jene einfache geniale Weise. Wohl hütete ich mich, vor die Fackel zu treten und mich so durch meinen Schlagschatten zu verraten, aber nahe genug zur Seite stand ich, um den Maler genau zu beobachten. Er schien mir ganz ein anderer, vielleicht war es nur Wirkung des Fackelscheins, aber sein Gesicht war gerötet, seine Augen blitzten wie vor innerm Wohlbehagen, und als er seine Linien

6

fertig gezeichnet, stellte er sich mit in die Seite gestemmten Händen vor die Blende hin und pfiff, die Arbeit beschauend, ein muntres Liedchen. Nun wandte er sich um und riß das ausgespannte Netz herunter. Da fiel ihm meine Gestalt ins Auge. „He da! he da!" rief er laut, „seid Ihr es, Christian?" – Ich trat auf ihn zu, erklärte ihm, was mich in die Kirche gelockt, und den sinnreichen Einfall mit dem Schattennetz hoch preisend, gab ich mich als Kenner und Ausüber der edlen Malerkunst zu erkennen. Ohne mir darauf weiter zu antworten, sprach Berthold: „Christian ist auch weiter nichts als ein Faulenzer; treu wollte er aushalten bei mir die ganze Nacht hindurch, und nun liegt er gewiß irgendwo auf dem Ohr! – Mein Werk muß vorrücken, denn morgen malt sich's vielleicht hier in der Blende teufelmäßig schlecht – und allein kann ich doch jetzt nichts machen." Ich erbot mich, ihm behülflich zu sein. Er lachte laut auf, faßte mich bei beiden Schultern und rief: „Das ist ein exzellenter Spaß; was wird Christian sagen, wenn er morgen merkt, daß er ein Esel ist und ich seiner gar nicht bedurft habe? Nun, so kommt, fremder Geselle und Bruder, helft mir erst fein bauen." Er zündete einige Kerzen an, wir liefen durch die Kirche, schleppten Böcke und Bretter herbei, und bald stand ein hohes Gerüst in der Blende. „Nun frisch zugereicht", rief Berthold, indem er heraufstieg. Ich erstaunte über die Schnelligkeit, mit der Berthold die Zeichnung ins Große übertrug; keck zog er seine Linien, niemals gefehlt, immer richtig und rein. An dergleichen Dinge in früherer Zeit gewöhnt, half ich dem Maler treulich, indem ich, bald oben, bald unter ihm stehend, die langen Lineale in die angedeuteten Punkte einsetzte und festhielt, die Kohlen spitz schliff und ihm zureichte, und so weiter. „Ihr seid ja gar ein wackerer Gehülfe", rief Berthold ganz fröhlich. „Und Ihr", erwiderte ich, „in der Tat einer der geübtesten Architekturmaler, die es geben mag; habt Ihr denn bei Eurer fertigen kecken Faust nie andere Malerei getrieben als diese? – Verzeiht meine Frage." – „Was meint ihr denn eigentlich?" sprach Berthold. „Nun", erwiderte ich, „ich meine, daß Ihr zu etwas Besserem taugt, als Kirchenwände mit Marmorsäulen zu bemalen. Architekturmalerei bleibt doch immer etwas Untergeordnetes; der

Historienmaler, der Landschafter steht unbedingt höher. Geist und Phantasie, nicht in die engen Schranken geometrischer Linien gebannt, erheben sich in freiem Fluge. Selbst das einzige Phantastische Eurer Malerei, die sinnetäuschende Perspektive, hängt von genauer Berechnung ab, und so ist die Wirkung das Erzeugnis nicht des genialen Gedankens, sondern nur mathematischer Spekulation." Der Maler hatte, während ich dies sprach, den Pinsel abgesetzt und den Kopf in die Hand gestützt. „Unbekannter Freund", fing er jetzt mit dumpfer feierlicher Stimme an, „Unbekannter Freund, du frevelst, wenn du die verschiedenen Zweige der Kunst in Rangordnung stellen willst wie die Vasallen eines stolzen Königs. Und noch größerer Frevel ist es, wenn du nur die Verwegenen achtest, welche, taub für das Klirren der Sklavenkette, fühllos für den Druck des Irdischen, sich frei, ja selbst sich Gott wähnen und schaffen und herrschen wollen über Licht und Leben. – Kennst du die Fabel von dem Prometheus, der Schöpfer sein wollte und das Feuer vom Himmel stahl, um seine toten Figuren zu beleben? – Es gelang ihm, lebendig schritten die Gestalten daher, und aus ihren Augen strahlte jenes himmlische Feuer, das in ihrem Innern brannte; aber rettungslos wurde der Frevler, der sich angemaßt, Göttliches zu fahen, verdammt zu ewiger fürchterlicher Qual. Die Brust, die das Göttliche geahnt, in der die Sehnsucht nach dem Überirdischen aufgegangen, zerfleischte der Geier, den die Rache geboren und der sich nun nährte von dem eignen Innern des Vermessenen. Der das Himmlische gewollt, fühlte ewig den irdischen Schmerz." – Der Maler stand in sich versunken da. „Aber", rief ich, „aber Berthold, wie beziehen Sie das alles auf Ihre Kunst? Ich glaube nicht, daß irgend jemand es für vermessenen Frevel halten kann, Menschen zu bilden, sei es durch Malerei oder Plastik." Wie in bitterm Hohn lachte Berthold auf: „Ha, ha – Kinderspiel ist kein Frevel! – Kinderspiel ist's, wie sie's machen, die Leute, die getrost ihre Pinsel in die Farbentöpfe stecken und eine Leinwand beschmieren, mit der wahrhaftigen Begier, Menschen darzustellen; aber es kommt so heraus, als habe, wie es in jenem Trauerspiele steht, irgendein

Handlanger der Natur versucht, Menschen zu bilden, und es sei ihm mißlungen. – Das sind keine freveliche Sünder, das sind nur arme unschuldige Narren! Aber, Herr! – wenn man nach dem Höchsten strebt – nicht Fleischeslust, wie Tizian – nein, das Höchste der göttlichen Natur, der Prometheusfunken im Menschen – Herr! – es ist eine Klippe – ein schmaler Strich, auf dem man steht – der Abgrund ist offen! – über ihm schwebt der kühne Segler, und ein teuflischer Trug läßt ihn unten – unten *das* erblicken, was er oben über den Sternen erschauen wollte!" – Tief seufzte der Maler auf, er fuhr mit der Hand über die Stirn und blickte dann in die Höhe. „Aber was schwatze ich mit Euch, Geselle, da drunten für tolles Zeug und male nicht weiter? – Schaut her, Geselle, das nenne ich treu und ehrlich gezeichnet. Wie herrlich ist die Regel! – alle Linien einen sich zum bestimmten Zweck, zu bestimmter, deutlich gedachter Wirkung. Nur das Gemessene ist rein menschlich; was drüber geht, vom Übel. Das Übermenschliche muß Gott oder Teufel sein; sollten beide nicht in der Mathematik von Menschen übertroffen werden? Sollt es nicht denkbar sein, daß Gott uns ausdrücklich erschaffen hätte, um das, was nach gemessenen erkennbaren Regeln darzustellen ist, kurz, das rein Kommensurable, zu besorgen für seinen Hausbedarf, so wie wir unsrerseits wieder Sägemühlen und Spinnmaschinen bauen, als mechanische Werkmeister unseres Bedarfs. Professor Walther behauptete neulich, daß gewisse Tiere bloß erschaffen wären, um von andern gefressen zu werden, und das käme doch am Ende zu unserm Nutzen heraus, so wie z.B. die Katzen den angebornen Instinkt hätten, Mäuse zu fressen, damit diese uns nicht den Zucker, der zum Frühstück bereit läge, wegknappern sollten. Am Ende hat der Professor recht – Tiere und wir selbst sind gut eingerichtete Maschinen, um gewisse Stoffe zu verarbeiten und zu verkneten für den Tisch des unbekannten Königs. – Nun frisch – frisch, Geselle – reiche mir die Töpfe! – Alle Töne hab ich gestern beim lieben Sonnenlicht abgestimmt, damit mich der Fackelschein nicht trüge, sie stehn numeriert im Winkel. Reich mir Numero eins, mein Junge! – Grau in Grau! – Und was wäre das trockne mühselige Leben, wenn der Herr des Himmels uns nicht so manches bunte Spielzeug in die Hände gegeben hätte! – Wer artig ist, trachtet nicht, wie der neugierige Bube, den Kasten zu zerbrechen, in dem es orgelt, wenn er die äußere Schraube dreht. – Man sagt, es ist ganz natürlich, daß es drinnen klingt; denn ich drehe ja die Schraube! – Indem ich dies Gebälk richtig aus dem Augenpunkt aufgezeichnet, weiß ich bestimmt, daß es sich dem Beschauer plastisch darstellt. – Numero zwei heraufgereicht, Junge! – Nun male ich es aus in den regelrecht abgestimmten Farben – es erscheint vier Ellen zurücktretend. Das weiß ich alles gewiß; oh! man ist erstaunlich klug. – Wie kommt es, daß die Gegenstände in der Ferne sich verkleinern? Die einzige dumme Frage eines Chinesen könnte selbst den Professor Eytelwein in Verlegenheit setzen; doch könnte er sich mit dem orgelnden Kasten helfen und sprechen, er habe manchmal an der Schraube gedreht und immer dieselbe Wirkung erfahren – Violett Numero eins, Junge! – ein anderes Lineal – dicken ausgewaschenen Pinsel! Ach, was ist all unser Ringen und Streben nach dem Höheren anders als das unbeholfene bewußtlose Hantieren des Säuglings, der die Amme verletzt, die ihn wohltätig nährt! – Violett Numero zwei – frisch, Junge! – das Ideal ist ein schnöder lügnerischer Traum, vom gärenden Blute erzeugt. – Die Töpfe weg, Junge – ich steige herab. – Der Teufel narrt uns mit Puppen, denen er Engelsfittiche angeleimt." – Nicht möglich ist es mir, alles das wörtlich zu wiederholen, was Berthold sprach, indem er rasch fortmalte und mich ganz wie seinen Handlanger brauchte. In der angegebenen Manier fuhr er fort, die Beschränktheit alles irdischen Beginnens auf das bitterste zu verhöhnen; ach, er schaute in die Tiefe eines auf den Tod verwundeten Gemüts, dessen Klage sich nur in schneidender Ironie erhebt. Der Morgen dämmerte, der Schein der Fackel verblaßte vor den hereinbrechenden Sonnenstrahlen. Berthold malte eifrig fort, aber er wurde stiller und stiller, und nur einzelne Laute – zuletzt nur Seufzer – entflohen der gepreßten Brust.

Er hatte den ganzen Altar mit gehöriger Farbenabstufung angelegt, und schon jetzt, ohne weiter ausgeführt zu sein, sprang das

Gemälde wunderbar hervor. „In der Tat herrlich – ganz herrlich", rief ich voll Bewunderung aus. „Meinen Sie", sprach Berthold mit matter Stimme, „meinen Sie, daß etwas daraus werden wird? – Ich gab mir wenigstens alle Mühe, richtig zu zeichnen; aber nun kann ich nicht mehr." – „Keinen Pinselstrich weiter, lieber Berthold!" sprach ich, „es ist beinahe unglaublich, wie Sie mit einem solchen Werk in wenigen Stunden so weit vorrücken konnten; aber Sie greifen sich zu sehr an und verschwenden Ihre Kraft." – „Und doch", erwiderte Berthold, „sind das meine glücklichsten Stunden. – Vielleicht schwatzte ich zu viel, aber es sind ja nur Worte, in die sich der das Innere zerreißende Schmerz auflöst." – „Sie scheinen sich sehr unglücklich zu fühlen, mein armer Freund", sprach ich, „irgendein furchtbares Ereignis trat feindlich zerstörend in Ihr Leben!" – Der Maler trug langsam seine Gerätschaften in die Kapelle, löschte die Fackel aus, kam dann auf mich zu, faßte meine Hand und sprach mit gebrochener Stimme: „Könnten Sie einen Augenblick Ihres Lebens ruhigen, heitern Geistes sein, wenn Sie sich eines gräßlichen, nie zu sühnenden Verbrechens bewußt wären?" – Erstarrt blieb ich stehen. Die hellen Sonnenstrahlen fielen in des Malers leichenblasses zerstörtes Gesicht, und er war beinahe gespenstisch anzusehen, als er fortwankte durch die kleine Pforte in das Innere des Collegiums.

Kaum erwarten konnte ich am folgenden Tage die Stunde, die mir Professor Walther zum Wiedersehen bestimmt hatte. Ich erzählte ihm den ganzen Auftritt der vorigen Nacht, der mich nicht wenig aufgeregt hatte; ich schilderte mit den lebendigsten Farben des Malers wunderliches Benehmen und verschwieg kein Wort, das er gesprochen, selbst das nicht, was ihn selbst betroffen. Je mehr ich aber auf des Professors Teilnahme hoffte, desto gleichgültiger schien er mir, ja er lächelte selbst über mich auf eine höchst widrige Weise, als ich nicht nachließ, von Berthold zu reden und in ihn zu dringen, mir ja alles, was er von dem Unglücklichen wüßte, zu sagen. „Es ist ein wunderlicher Mensch, dieser Maler", fing der Professor an, „sanft – gutmütig – arbeitsam – nüchtern, wie ich Ihnen schon früher sagte, aber schwachen Verstandes; denn sonst hätte er sich nicht durch irgendein Ereignis im Leben, sei es selbst ein Verbrechen, das er beging, herabstimmen lassen vom herrlichen Historienmaler zum dürftigen Wandpinsler." Der Ausdruck Wandpinsler ärgerte mich so wie des Professors Gleichgültigkeit überhaupt. Ich suchte ihm darzutun, daß noch jetzt Berthold ein höchst achtungswerter Künstler und der höchsten regsamen Teilnahme wert sei. „Nun", fing der Professor endlich an, „wenn Sie einmal unser Berthold in solch hohem Grade interessiert, so sollen Sie alles, was ich von ihm weiß, und das ist nicht wenig, ganz genau erfahren. Zur Einleitung dessen lassen Sie uns gleich in die Kirche gehen! Da Berthold die ganze Nacht hindurch mit Anstrengung gearbeitet hat, wird er heute vormittags rasten. Wenn wir ihn in der Kirche fänden, wäre mein Zweck verfehlt." Wir gingen nach der Kirche, der Professor ließ das Tuch von dem verhängten Gemälde herunternehmen, und in zauberischem Glanze ging vor mir ein Gemälde auf, wie ich es nie gesehen. Die Komposition war wie Raffaels Stil, einfach und himmlisch erhaben! – Maria und Elisabeth, in einem schönen Garten auf einem Rasen sitzend, vor ihnen die Kinder Johannes und Christus, mit Blumen spielend, im Hintergrunde seitwärts eine betende männliche Figur! – Marias holdes himmlisches Gesicht, die Hoheit und Frömmigkeit ihrer ganzen Figur erfüllten mich mit Staunen und tiefer Bewunderung. Sie war schön, schöner als je ein Weib auf Erden, aber so wie Raffaels Maria in der Dresdner Galerie verkündete ihr Blick die höhere Macht der Gottes-Mutter. Ach! mußte vor diesen wunderbaren, von tiefem Schatten umflossenen Augen nicht in des Menschen Brust die ewigdürstende Sehnsucht aufgehen? Sprachen die weichen halbgeöffneten Lippen nicht tröstend, wie in holden Engelsmelodien, von der unendlichen Seligkeit des Himmels? – Nieder mich zu werfen in den Staub vor ihr, der Himmelskönigin, trieb mich ein unbeschreibliches Gefühl – keines Wortes mächtig, konnte ich den Blick nicht abwenden von dem Bilde ohnegleichen. Nur Maria und die Kinder waren ganz ausgeführt, an der Figur Elisabeths schien die letzte Hand zu fehlen, und der betende Mann war noch nicht übermalt. Näher getreten, erkannte ich in dem Gesicht dieses Mannes Bertholds Züge. Ich ahnte, was mir der Professor gleich darauf sagte. „Dieses Bild", sprach er, „ist Bertholds letzte Arbeit, das wir vor mehreren Jahren aus N. in Oberschlesien, wo es von einem unserer Kollegen in einer Versteigerung gekauft wurde, erhielten. Unerachtet es nicht vollendet ist, ließen wir es doch statt des elenden Altarblatts, das sonst hier stand, einfügen. Als Berthold angekommen war und dies Gemälde erblickte, schrie er laut auf und stürzte bewußtlos zu Boden. Nachher vermied er sorgfältig, es anzublicken, und vertraute mir, daß es seine letzte Arbeit in diesem Fache sei. Ich hoffte ihn nach und nach zur Vollendung des Bildes zu überreden, aber mit Entsetzen und Abscheu wies er jeden Antrag der Art zurück. Um ihn nur einigermaßen heiter und kräftig zu erhalten, mußte ich das Bild verhängen lassen, solange er in der Kirche arbeitet. Fiel es ihm nur von ungefähr ins Auge, so lief er, wie von unwiderstehlicher Macht getrieben, hin, warf sich laut schluchzend nieder, bekam seinen Paroxysmus und war auf mehrere Tage unbrauchbar." – „Armer – armer unglücklicher Mann!" rief ich aus, „welch eine Teufelsfaust griff so grimmig zerstörend in dein Leben." – „Oh!" sprach der Professor, „die Hand samt dem Arm ist ihm an den Leib gewachsen. – Ja, ja! – er selbst war gewiß sein eigner Dämon – sein Luzifer, der in sein Leben mit der Höllenfackel hineinleuchtete. Wenigstens geht das aus seinem Leben sehr deutlich hervor." Ich bat den Professor, mir doch nur jetzt gleich alles zu sagen, was er über des unglücklichen Malers Leben wüßte. „Das würde viel zu weitläufig sein und viel zu viel Atem kosten", erwiderte der Professor. „Verderben wir uns den heitern Tag nicht mit dem trüben Zeuge! Lassen Sie uns frühstücken und dann nach der Mühle gehen, wo uns ein tüchtig zubereitetes Mittagsmahl erwartet." Ich hörte nicht auf, in den Professor zu dringen, und nach vielem Hinundherreden kam es endlich heraus, daß gleich nach der Ankunft Bertholds sich ein Jüngling, der auf dem Collegio studierte, mit voller Liebe an ihn anschloß, daß diesem Berthold nach und nach die Begebenheiten seines Lebens vertraute, die der junge Mann sorglich aufschrieb und dem Professor Walther das Manuskript übergab. „Es war", sprach der Professor, „solch ein Enthusiast wie Sie, mein Herr, mit Ihrer Erlaubnis! Aber das Aufschreiben der wunderlichen Begebenheiten des Malers diente ihm in der Tat zur trefflichen Stilübung." Mit vieler Mühe erhielt ich von dem Professor das Versprechen, daß er mir abends nach geendeter Lustpartie das Manuskript anvertrauen wolle. Sei es, daß es die gespannte Neugierde war, oder war der Professor wirklich selbst daran schuld, kurz, niemals hab ich mehr Langeweile empfunden, als *den* Tag. Schon die Eiskälte des Professors rücksichts Bertholds war mir fatal; aber seine Gespräche, die er mit den Kollegen, die an dem Mahl teilnahmen, führte, überzeugten mich, daß trotz aller Gelehrsamkeit, aller Weltgewandtheit sein Sinn fürs Höhere gänzlich verschlossen und er der krasseste Materialist war, den es geben konnte. Das System von dem Fressen und Gefressenwerden, wie es Berthold anführte, hatte er wirklich adoptiert. Alles geistige Streben, Erfindungs-, Schöpfungskraft leitete er aus gewissen Konjunkturen der Eingeweide und des Magens her, und dabei kramte er noch mehr närrische abnorme Einfälle aus. Er behauptete zum Beispiel sehr ernsthaft, daß jeder Gedanke durch die Begattung zweier Fäserchen im menschlichen Gehirne erzeugt würde. Ich begriff, auf welche Weise der Professor mit solchen tollen Dingen den armen Berthold, der in verzweifelnder Ironie alle günstige Einwirkung des Höheren anfocht, quälen und in die noch blutenden Wunden spitze Dolche einsetzen mußte. Endlich am Abend gab mir der Professor ein paar beschriebene Bogen mit den Worten: „Hier, lieber Enthusiast, ist das Studentenmachwerk. Es ist nicht übel geschrieben, aber höchst sonderbar und wider alle Regel rückt der Herr Verfasser, ohne es weiter anzudeuten, Reden des Malers wörtlich in der ersten Person ein. Übrigens mache ich Ihnen mit dem Aufsatz, über den ich von Amts wegen verfügen kann, ein Geschenk, da ich weiß, daß Sie kein Schriftsteller sind. Der Verfasser der ,Fantasiestücke in Callots Manier' hätte es eben nach seiner tollen Manier arg zugeschnitten und gleich drucken lassen, welches ich nicht von Ihnen zu erwarten habe."

14

Der Professor Aloysius Walther wußte nicht, daß er wirklich den reisenden Enthusiasten vor sich hatte, wiewohl er es hätte merken können, und so gebe ich dir, mein günstiger Leser! des Jesuiten-Studenten kurze Erzählung von dem Maler Berthold. Die Weise, wie er sich mir zeigte, wird dadurch ganz erklärt, und du, o mein Leser! wirst dann auch gewahren, wie des Schicksals wunderliches Spiel uns oft zu verderblichem Irrtum treibt.

„Laßt euern Sohn nur getrost nach Italien reisen! Schon jetzt ist er ein wackrer Künstler, und es fehlt ihm hier in D. keinesweges an Gelegenheit, nach den trefflichsten Originalen jeder Art zu studieren, aber dennoch darf er nicht hierbleiben. Das freie Künstlerleben muß ihm in dem heitern Kunstlande aufgehen, sein Studium wird dort sich erst lebendig gestalten und den eignen Gedanken erzeugen. Das Kopieren allein hilft ihm nun nichts mehr. Mehr Sonne muß die aufsprießende Pflanze erhalten, um zu gedeihen und Blüt und Frucht zu tragen. Euer Sohn hat ein reines wahrhaftiges Künstlergemüt, darum seid um alles übrige unbesorgt!“ So sprach der alte Maler Stephan Birkner zu Bertholds Eltern. *Die* rafften alles zusammen, was ihr dürftiger Haushalt entbehren konnte, und statteten den Jüngling aus zur langen Reise. So ward Bertholds heißester Wunsch, nach Italien zu gehen, erfüllt.

„Als mir Birkner den Entschluß meiner Eltern verkündete, sprang ich hoch auf vor Freude und Entzücken. – Wie im Traum ging ich umher die Tage hindurch bis zu meiner Abreise. Es war mir nicht möglich, auf der Galerie einen Pinsel anzusetzen. Der Inspektor, alle Künstler, die in Italien gewesen, mußten mir erzählen von dem Lande, wo die Kunst gedeiht. Endlich war Tag und Stunde gekommen. Schmerzlich war der Abschied von den Eltern, die, von düstrer Ahnung gequält, daß sie mich nicht wiedersehen würden, mich nicht lassen wollten. Selbst der Vater, sonst ein entschlossener fester Mann, hatte Mühe, Fassung zu erringen. ‚Italien – Italien wirst du sehen‘, riefen die Kunstbrüder, da loderte, von tiefer Wehmut nur stärker entzündet, das Verlangen auf, und rasch schritt ich fort –

15

vor der Eltern Hause schien mir die Bahn des Künstlers zu beginnen."

Berthold, in jedem Fache der Malerei vorbereitet, hatte sich doch vorzüglich der Landschaftsmalerei ergeben, die er mit Liebe und Eifer trieb. In Rom glaubte er reiche Nahrung für diesen Zweig der Kunst zu finden; es war dem nicht so. Gerade in dem Kreis der Künstler und Kunstfreunde, in dem er sich bewegte, wurde ihm unaufhörlich vorgeredet, daß der Historienmaler allein auf der höchsten Spitze stehe und ihm alles übrige untergeordnet sei. Man riet ihm, wolle er ein bedeutender Künstler werden, doch nur gleich von seinem Fach abzugehen und sich dem Höheren zuzuwenden, und, dies, verbunden mit dem nie sonst gefühlten Eindruck, den Raffaels mächtige Freskogemälde im Vatikan auf ihn machten, bestimmte ihn wirklich, die Landschaft zu verlassen. Er zeichnete nach jenen Raffaels, er kopierte kleine Ölgemälde anderer berühmter Meister; alles fiel bei seiner tüchtigen Praktik recht wohl und schicklich aus, aber nur zu sehr fühlte er, daß das Lob der Künstler und Kenner ihn nur trösten, aufmuntern sollte. Er sah es ja selbst, daß seinen Zeichnungen, seinen Kopien alles Leben des Originals fehle. Raffaels, Correggios himmlische Gedanken begeisterten (so glaubte er) zum eignen Schaffen, aber sowie er sie in der Phantasie festhalten wollte, verschwammen sie wie im Nebel, und alles, was er auswendig zeichnete, hatte, wie jedes nur undeutlich, verworren Gedachte, kein Regen, keine Bedeutung. Über dieses vergebliche Ringen und Streben schlich trüber Unmut in seine Seele, und oft entrann er den Freunden, um in der Gegend von Rom Baumgruppen – einzelne landschaftliche Partien heimlich zu zeichnen und zu malen. Aber auch dies geriet nicht mehr wie sonst, und zum erstenmal zweifelte er an seinem wahren Künstlerberuf. Die schönsten Hoffnungen schienen untergehn zu wollen. „Ach, mein hochverehrter Freund und Lehrer", schrieb Berthold an Birkner, „Du hast mir Großes zugetraut, aber – hier, wo es erst recht licht werden sollte in meiner Seele, bin ich inneworden, daß das, was Du wahrhaftes Künstlergenie nanntest, nur etwa Talent

– äußere Fertigkeit der Hand war. Sage meinen Eltern, daß ich bald zurückkehren würde, um irgendein Handwerk zu erlernen, das mich künftig ernähre", und so weiter. Birkner schrieb zurück: „Oh, könnte ich doch bei Dir sein, mein Sohn, um Dich aufzurichten in Deinem Unmut! Aber glaube mir, Deine Zweifel sind es gerade, die für Dich, für Deinen Künstlerberuf sprechen. Der, welcher in stetem unwandelbaren Vertrauen auf seine Kraft immer fortzuschreiten gedenkt, ist ein blöder Tor, der sich selbst täuscht; denn ihm fehlt ja der eigentliche Impuls zum Streben, der nur in dem Gedanken der Mangelhaftigkeit ruht. Harre aus! – Bald wirst Du Dich erkräftigen und dann ruhig, nicht durch das Urteil, durch den Rat der Freunde, die Dich zu verstehen vielleicht gar nicht imstande, gezügelt, *den* Weg fortwandeln, den Dir Deines Ichs eigne Natur vorgeschrieben. Ob Du Landschafter bleiben, ob Du Historienmaler werden willst, wirst Du dann selbst entscheiden können und an keine feindliche Absonderung der Zweige eines Stammes denken."

Es begab sich, daß gerade zu der Zeit, als Berthold diesen tröstenden Brief von seinem alten Lehrer und Freunde erhielt, sich Philipp Hackerts Ruhm in Rom verbreitet hatte. Einige von ihm dort aufgestellte Stücke von wunderbarer Anmut und Klarheit bewährten des Künstlers Ruf, und selbst die Historienmaler gestanden, es läge auch in dieser reinen Nachahmung der Natur viel Großes und Vortreffliches. Berthold schöpfte Atem – er hörte nicht mehr seine Lieblingskunst verhöhnen, er sah einen Mann, der sie trieb, hochgestellt und verehrt; wie ein Funke fiel es in seine Seele, daß er nach Neapel wandern und unter Hackert studieren müsse. Ganz jubilierend schrieb er an Birkner und an seine Eltern, daß er nun nach hartem Kampf den rechten Weg gefunden habe und bald in seinem Fach ein tüchtiger Künstler zu werden hoffe. Freundlich nahm der ehrliche deutsche Hackert den deutschen Schüler auf, und bald strebte dieser dem Lehrer in regem Schwunge nach. Berthold erlangte große Fertigkeit, die verschiedenen Baum- und Gesträucharten der Natur getreu darzustellen; auch leistete er nicht

Geringes in dem Dunstigen und Duftigen, wie es auf Hackertschen Gemälden zu finden. Das erwarb ihm vieles Lob, aber auf ganz eigene Weise schien es ihm bisweilen, als wenn seinen, ja selbst den Landschaften des Lehrers etwas fehle, das er nicht zu nennen wußte und das ihm doch in Gemälden Claude Lorrains, ja selbst in Salvator Rosas rauhen Wüsteneien entgegentrat. Es erhoben sich allerlei Zweifel gegen den Lehrer in ihm, und er wurde vorzüglich ganz unmutig, wenn Hackert mit angestrengter Mühe totes Wild malte, das ihm der König zugeschickt. Doch überwand er bald dergleichen, wie er glaubte, freveliche Gedanken und fuhr fort, mit frommer Hingebung und deutschem Fleiß nach seines Lehrers Muster zu arbeiten, so daß er in kurzer Zeit es ihm beinahe gleichtat. So kam es denn, daß er auf Hackerts ausdrücklichen Anlaß eine große Landschaft, die er treu nach der Natur gemalt hatte, zu einer Ausstellung, die mehrenteils aus Hackertschen Landschaften und Stilleben bestand, hergeben mußte. Alle Künstler und Kenner bewunderten des Jünglings treue saubere Arbeit und priesen ihn laut. Nur ein ältlicher, sonderbar gekleideter Mann sagte selbst zu Hackerts Gemälden kein Wort, sondern lächelte nur bedeutsam, wenn die Lobeserhebungen der Menge recht ausgelassen und toll daherbrausten. Berthold bemerkte deutlich, wie der Fremde, als er vor seiner Landschaft stand, mit einer Miene des tiefsten Bedauerns den Kopf schüttelte und dann sich entfernen wollte. Berthold, etwas aufgebläht durch das allgemeine Lob, das ihm zuteil geworden, konnte sich des innern Ärgers über den Fremden nicht erwehren. Er trat auf ihn zu und frug, indem er die Worte schärfer betonte als gerade nötig: „Ihr scheint mit dem Bilde nicht zufrieden, mein Herr, unerachtet es doch wackre Künstler und Kenner nicht ganz übel finden wollen? Sagt mir gefälligst, woran es liegt, damit ich die Fehler nach Euerm gütigen Rat abändere und bessere." Mit scharfem Blicke schaute der Fremde Berthold an und sprach sehr ernst: „Jüngling, aus dir hätte viel werden können." Berthold erschrak bis ins Innerste vor des Mannes Blick und seinen Worten; er hatte nicht den Mut, etwas weiter zu sagen oder ihm zu folgen, als er langsam zum Saale hinausschritt. Hackert trat bald darauf selbst hinein, und Berthold eilte, ihm den Vorfall mit dem wunderlichen Mann zu erzählen. „Ach!" rief Hackert Lachend, „laß dir das ja nicht zu Herzen gehen! Das war ja unser brummige Alte, dem nichts recht ist, der alles tadelt; ich begegnete ihm auf dem Vorsaal. Er ist auf Malta von griechischen Eltern geboren, ein reicher wunderlicher Kauz, gar kein übler Maler; aber alles, was er macht, hat ein phantastisches Ansehen, welches wohl daher rührt, weil er über jede Darstellung durch die Kunst ganz tolle absurde Meinungen und sich ein künstlerisches System gebaut hat, das den Teufel nichts taugt. Ich weiß recht gut, daß er gar nichts auf mich hält, welches ich ihm gern verzeihe, da er mir wohlerworbnen Ruhm nicht streitig machen wird." Dem Berthold war es zwar, als habe der Malteser irgendeinen wunden Fleck seines Innersten schmerzhaft berührt, aber so wie der wohltätige Wundarzt, um zu forschen und zu heilen; indessen schlug er sich das bald aus dem Sinn und arbeitete fröhlich fort wie zuvor.

Das große, wohlgelungene, allgemein bewunderte Bild hatte ihm Mut gemacht, das Gegenstück zu beginnen. Einen der schönsten Punkte in Neapels reicher Umgebung wählte Hackert selbst aus, und so wie jenes Bild den Sonnenuntergang darstellte, sollte diese Landschaft im Sonnenaufgang gehalten werden. Berthold bekam viel fremde Bäume, viele Weinberge, vorzüglich aber viel Nebel und Duft zu malen.

Auf der Platte eines großen Steins, eben in jenem von Hackert gewählten Punkte, saß Berthold eines Tages, den Entwurf des großen Bildes nach der Natur vollendend. „Wohl getroffen in der Tat!" sprach es neben ihm. Berthold blickte auf, der Malteser sah in sein Blatt hinein und fügte mit sarkastischem Lächeln hinzu: „Nur eins habt Ihr vergessen, lieber junger Freund! Schaut doch dort herüber nach der grün berankten Mauer des fernen Weinbergs! Die Türe steht halb offen; das müßt Ihr ja anbringen mit gehörigem Schlagschatten – die halbgeöffnete Türe macht erstaunliche Wirkung!" – „Ihr spottet", erwiderte Berthold, „ohne Ursache, mein Herr! Solche Zufälligkeiten sind keinesweges so verächtlich, wie Ihr

19

glaubt, und deshalb mag sie mein Meister wohl anbringen. Erinnert Euch doch nur des aufgehängten weißen Tuchs in der Landschaft eines alten niederländischen Malers, das nicht fehlen darf, ohne die Wirkung zu verderben. Aber Ihr scheint überhaupt kein Freund der Landschaftsmalerei, der ich mich nun einmal ganz ergeben habe mit Leib und Seele, und darum bitt ich Euch, laßt mich ruhig fortarbeiten." – „Du bist in großem Irrtum befangen, Jüngling", sprach der Malteser. „Noch einmal sage ich, aus dir hätte viel werden können; denn sichtlich zeugen deine Werke das rastlose Bestreben nach dem Höheren, aber nimmer wirst du dein Ziel erreichen, denn der Weg, den du eingeschlagen, führt nicht dahin. Merk wohl auf, was ich dir sagen werde! Vielleicht glückt es mir, die Flamme in deinem Innern, die du, Unverständiger! zu überbauen trachtest, anzufachen, daß sie hell auflodert und dich erleuchtet; dann wirst du den wahren Geist, der in dir lebt, zu erschauen vermögen. Hältst du mich denn für so töricht, daß ich die Landschaft dem historischen Gemälde unterordne, daß ich nicht das gleiche Ziel, nach dem beide, Landschafter und Historienmaler, streben sollen, erkenne? – Auffassung der Natur in der tiefsten Bedeutung des höhern Sinns, der alle Wesen zum höheren Leben entzündet, das ist der heilige Zweck aller Kunst. Kann denn das bloße genaue Abschreiben der Natur jemals dahin führen? – Wie ärmlich, wie steif und gezwungen sieht die nachgemalte Handschrift in einer fremden Sprache aus, die der Abschreiber nicht verstand und daher den Sinn der Züge, die er mühsam abschnörkelte, nicht zu deuten wußte. So sind die Landschaften deines Meisters korrekte Abschriften eines in ihm fremder Sprache geschriebenen Originals. – Der Geweihte vernimmt die Stimme der Natur, die in wunderbaren Lauten aus Baum, Gebüsch, Blume, Berg und Gewässer von unerforschlichem Geheimnis spricht, die in seiner Brust sich zu frommer Ahnung gestalten; dann kommt, wie der Geist Gottes selbst, die Gabe über ihn, diese Ahnung sichtlich in seine Werke zu übertragen. Ist dir, Jüngling! denn bei dem Beschauen der Landschaften alter Meister nicht ganz wunderbarlich zumute geworden? Gewiß hast du nicht daran gedacht, daß die

Blätter des Lindenbaums, daß die Pinien, die Platanen der Natur getreuer, daß der Hintergrund duftiger, das Wasser klarer sein könnte; aber der Geist, der aus dem Ganzen wehte, hob dich empor in ein höheres Reich, dessen Abglanz du zu schauen wähntest. – Daher studiere die Natur zwar auch im Mechanischen fleißig und sorgfältig, damit du die Praktik des Darstellens erlangen mögest, aber halte die Praktik nicht für die Kunst selbst. Bist du eingedrungen in den tiefern Sinn der Natur, so werden selbst in deinem Innern ihre Bilder in hoher glänzender Pracht aufgehen." – Der Malteser schwieg; als aber Berthold tief ergriffen, gebückten Hauptes, keines Wortes mächtig dastand, verließ ihn der Malteser mit den Worten: „Ich habe dich durchaus nicht verwirren wollen in deinem Beruf; aber ich weiß, daß ein hoher Geist in dir schlummert: ich rief ihn an mit starken Worten, damit er erwache und frisch und frei seine Fittiche rege. Lebe wohl!"

Dem Berthold war es so, als habe der Malteser nur dem, was in seiner Seele gärte und brauste, Worte gegeben; die innere Stimme brach hervor – „nein! Alles dieses Streben – dieses Mühen ist das ungewisse, trügerische Umhertappen des Blinden, weg – weg mit allem, was mich geblendet bis jetzt!" – Er war nicht imstande, auch nur einen Strich weiter an dem Bilde zu zeichnen. Er verließ seinen Meister und streifte voll wilder Unruhe umher und flehte laut, daß die höhere Erkenntnis, von der der Malteser gesprochen, ihm aufgehen möge.

„Nur in süßen Träumen war ich glücklich – selig. Da wurde alles wahr, was der Malteser gesprochen. Ich lag, von zauberischen Düften umspielt, im grünen Gebüsch, und die Stimme der Natur ging vernehmbar im melodisch klingenden Wehen durch den dunklen Wald. – ,Horch – horch auf – Geweihter! Vernimm die Urtöne der Schöpfung, die sich gestalten zu Wesen, deinem Sinn empfänglich.' – Und indem ich die Akkorde deutlicher und deutlicher erklingen hörte, war es, als sei ein neuer Sinn in mir erwacht, der mit wunderbarer Klarheit das erfaßte, was mir unerforschlich geschienen. – Wie in seltsamen Hieroglyphen zeichnete ich das mir aufgeschlossene Geheimnis mit Flammenzügen in die Lüfte; aber die Hieroglyphenschrift war eine wunderherrliche Landschaft, auf der Baum, Gebüsch, Blume, Berg und Gewässer, wie in lautem wonnigem Klingen sich regten und bewegten."

Doch eben nur im Traume kam solche Seligkeit über den armen Berthold, dessen Kraft gebrochen und der im Innersten verwirrter war als in Rom, da er Historienmaler werden wollte. Schritt er durch den dunklen Wald, so überfiel ihn ein unheimliches Grauen; trat er heraus und schaute in die fernen Berge, so griff es wie mit eiskalten Krallen in seine Brust – sein Atem stockte – er wollte vergehen vor innerer Angst. Die ganze Natur, ihm sonst freundlich lächelnd, ward ihm zum bedrohlichen Ungeheuer, und ihre Stimme, die sonst in des Abendwindes Säuseln, in dem Plätschern des Baches, in dem Rauschen des Gebüsches mit süßem Wort ihn begrüßte, verkündete ihm nun Untergang und Verderben. Endlich wurde er, je mehr ihn jene holden Träume trösteten, desto ruhiger, doch mied er es, im Freien allein zu sein, und so kam es, daß er sich zu ein paar muntern deutschen Malern gesellte und mit ihnen häufig Ausflüge nach den schönsten Gegenden Neapels machte.

Einer von ihnen, wir wollen ihn Florentin nennen, hatte es in dem Augenblick nicht sowohl auf tiefes Studium seiner Kunst als auf heitern Lebensgenuß abgesehen, seine Mappe zeugte davon. – Gruppen tanzender Bauernmädchen – Prozessionen – ländliche Feste – alles das wußte Florentin, so wie es ihm aufstieß, mit sicher leichter Hand schnell aufs Blatt zu werfen. Jede Zeichnung, war sie auch kaum mehr als Skizze, hatte Leben und Bewegung. Dabei war Florentins Sinn keineswegs für das Höhere verschlossen; im Gegenteil drang er mehr als je ein moderner Maler tief ein in den frommen Sinn der Gemälde alter Meister. In sein Malerbuch hatte er die Freskogemälde einer alten Klosterkirche in Rom, ehe die Mauern eingerissen wurden, in bloßen Umrissen hineingezeichnet.

Sie stellten das Martyrium der heiligen Katharina dar. Man konnte nichts Herrlicheres, reiner Aufgefaßtes sehen als jene Umrisse, die auf Berthold einen ganz eignen Eindruck machten. Er sah Blitze leuchten durch die finstre Öde, die ihn umfangen, und es kam dahin, daß er für Florentins heiteren Sinn empfänglich wurde und, da dieser zwar den Reiz der Natur, in ihr aber beständig mehr das menschliche Prinzip mit reger Lebendigkeit auffaßte, ebendieses Prinzip für den Stützpunkt erkannte, an den er sich halten müsse, um nicht gestaltlos im leeren Raum zu verschwimmen. Während Florentin irgendeine Gruppe, der er begegnete, schnell zeichnete, hatte Berthold des Freundes Malerbuch aufgeschlagen und versuchte Katharinas wunderholde Gestalt nachzubilden, welches ihm endlich so ziemlich glückte, wiewohl er, so wie in Rom, vergebens darnach strebte, seine Figuren dem Original gleich zu beleben. Er klagte dies dem, wie er glaubte, an wahrer Künstlergenialität ihm weit überlegenen Florentin und erzählte zugleich, wie der Malteser zu ihm über die Kunst gesprochen. „Ei, lieber Bruder Berthold!" sprach Florentin, „der Malteser hat in der Tat recht, und ich stelle die wahre Landschaft den tief bedeutsamen heiligen Historien, wie sie die alten Maler darstellen, völlig gleich. Ja, ich halte sogar dafür, daß man erst durch das Darstellen der uns näherliegenden organischen Natur sich stärken müsse, um Licht zu finden in ihrem nächtlichen Reich. Ich rate dir, Berthold, daß du dich gewöhnst, Figuren zu zeichnen und in ihnen deine Gedanken zu ordnen; vielleicht wird es dann heller um dich werden." Berthold tat so, wie ihm der Freund geboten, und es war ihm, als zögen die finstern Wolkenschatten, die sich über sein Leben gelegt, vorüber.

„Ich mühte mich, das, was nur wie dunkle Ahnung tief in meinem Innern lag, wie in jenem Traum hieroglyphisch darzustellen, aber die Züge dieser Hieroglyphenschrift waren menschliche Figuren, die sich in wunderlicher Verschlingung um einen Lichtpunkt bewegten. – Dieser Lichtpunkt sollte die herrlichste Gestalt sein, die je eines Bildners Phantasie aufgegangen; aber vergebens strebte ich, wenn sie im Träume, von Himmelsstrahlen umflossen, mir erschien, ihre

Züge zu erfassen. Jeder Versuch, sie darzustellen, mißlang auf schmähliche Weise, und ich verging in heißer Sehnsucht." – Florentin bemerkte den bis zur Krankheit aufgeregten Zustand des Freundes, er tröstete ihn, so gut er es vermochte. Oft sagte er ihm, daß dies eben die Zeit des Durchbruchs zur Erleuchtung sei; aber wie ein Träumer schlich Berthold einher, und alle seine Versuche blieben nur ohnmächtige Anstrengungen des kraftlosen Kindes.

Unfern Neapel lag die Villa eines Herzogs, die, weil sie die schönste Aussicht nach dem Vesuv und ins Meer hinein gewährte, den fremden Künstlern, vorzüglich den Landschaftern, gastlich geöffnet war. Berthold hatte hier öfters gearbeitet, öfter noch in einer Grotte des Parks zur guten Zeit sich dem Spiel seiner phantastischen Träume hingegeben. Hier in dieser Grotte saß er eines Tages, von glühender Sehnsucht, die seine Brust zerriß, gemartert, und weinte heiße Tränen, daß der Stern des Himmels seine dunkle Bahn erleuchten möge; da rauschte es im Gebüsch, und die Gestalt eines hochherrlichen Weibes stand vor der Grotte.

„Die vollen Sonnenstrahlen fielen in das Engelsgesicht. – Sie schaute mich an mit unbeschreiblichem Blick. – Die heilige Katharina – nein, mehr als sie – mein Ideal, mein Ideal war es! Wahnsinnig vor Entzücken, stürzte ich nieder, da verschwebte die Gestalt, freundlich lächelnd! – Erhört war mein heißestes Gebet!"

Florentin trat in die Grotte, er erstaunte über Berthold, der mit verklärtem Blick ihn an sein Herz drückte. – Tränen stürzten ihm aus den Augen. – „Freund – Freund!" stammelte er, „ich bin glücklich – selig – sie ist gefunden – gefunden!" Rasch schritt er fort in seine Werkstatt – er spannte die Leinwand auf, er fing an zu malen. Wie von göttlicher Kraft beseelt, zauberte er mit der vollen Glut des Lebens das überirdische Weib, wie es ihm erschienen, hervor. – Sein Innerstes war von diesem Augenblicke ganz umgewendet. Statt des Trübsinns, der an seinem Herzmark gezehrt hatte, erhob ihn Frohsinn und Heiterkeit. Er studierte mit Fleiß und

Anstrengung die Meisterwerke der alten Maler. Mehrere Kopien gelangen ihm vortrefflich, und nun fing er an, selbst Gemälde zu schaffen, die alle Kenner in Erstaunen setzten. An Landschaften war nicht mehr zu denken, und Hackert bekannte selbst, daß der Jüngling nun erst seinen eigentlichen Beruf gefunden habe. So kam es, daß er mehrere große Werke, Altarblätter für Kirchen, zu malen bekam. Er wählte mehrenteils heitere Gegenstände christlicher Legenden, aber überall strahlte die wunderherrliche Gestalt seines Ideals hervor. Man fand, daß Gesicht und Gestalt der Prinzessin Angiola T... zum Sprechen ähnlich sei, man äußerte dies dem jungen Maler selbst, und Schlauköpfe gaben spöttisch zu verstehen, der deutsche Maler sei von dem Feuerblick der wunderschönen Donna tief ins Herz getroffen. Berthold war hoch erzürnt über das alberne Gewäsch der Leute, die das Himmlische in das Gemein-Irdische herabziehen wollten. „Glaubt ihr denn", sprach er, „daß solch ein Wesen wandeln könne hier auf Erden? In einer wunderbaren Vision wurde mir das Höchste erschlossen; es war der Moment der Künstlerweihe." – Berthold lebte nun froh und glücklich, bis nach Bonapartes Siegen in Italien sich die französische Armee dem Königreich Neapel nahte und die alle ruhigen glücklichen Verhältnisse furchtbar zerstörende Revolution ausbrach. Der König hatte mit der Königin Neapel verlassen, die Citta war angeordnet. Der Generalvikar schloß mit dem französischen General einen schmachvollen Waffenstillstand, und bald kamen die französischen Kommissarien, um die Summe, die gezahlt werden sollte, in Empfang zu nehmen. Der Generalvikar entfloh, um der Wut des Volks, das sich von ihm, von der Citta, von allen, die ihm Schutz gewähren konnten gegen den andringenden Feind, verlassen glaubte, zu entgehen. Da waren alle Bande der Gesellschaft aufgelöst; in wilder Anarchie verhöhnte der Pöbel Ordnung und Gesetz, und unter dem Geschrei: „Viva la santa fede" rannten seine wahnsinnigen Horden durch die Straßen, die Häuser der Großen, von welchen sie sich an den Feind verkauft wähnten, plündernd und in Brand steckend. Vergebens waren die Bemühungen Moliternos und Rocca Romanas, Günstlinge des Volks und zu Anführern gewählt, die Rasenden zu bändigen. Die Herzoge della Torre und Clemens Filomarino waren ermordet, aber noch war des wütenden Pöbels Blutdurst nicht gestillt. – Berthold hatte sich aus einem brennenden Hause, nur halb angekleidet, gerettet, er stieß auf einen Haufen des Volks, der mit angezündeten Fackeln und blinkenden Messern nach dem Palast des Herzogs von T. eilte. Ihn für ihresgleichen haltend, drängten sie ihn mit sich fort. – „Viva la santa fede", brüllten die Wahnsinnigen, und in wenigen Minuten waren der Herzog – die Bedienten, alles, was sich widersetzte, ermordet, und der Palast loderte hoch in Flammen auf. – Berthold war immer fort und fort in den Palast hineingedrängt. – Dicker Rauch wallte durch die langen Gänge. – Er lief schnell durch die aufgesprengten Zimmer, aufs neue in Gefahr, in den Flammen umzukommen – vergebens den Ausgang suchend. – Ein schneidendes Angstgeschrei schallt ihm entgegen – er stürzt durch den Saal. – Ein Weib ringt mit einem Lazzarone, der es mit starker Faust erfaßt hat und im Begriff ist, ihm das Messer in die Brust zu stoßen. – Es ist die Prinzessin – es ist Bertholds Ideal! – Bewußtlos vor Entsetzen, springt Berthold hinzu – den Lazzarone bei der Gurgel packen – ihn zu Boden werfen, ihm sein eignes Messer in die Kehle stoßen – die Prinzessin in die Arme nehmen – mit ihr fliehen durch die flammenden Säle – die Treppen hinab – fort, fort, durch das dickste Volksgewühl – alles das ist die Tat eines Moments! – Keiner hielt den fliehenden Berthold auf; mit dem blutigen Messer in der Hand, vom Dampfe schwarz gefärbt, in zerrissenen Kleidern sah das Volk in ihm den Mörder und Plünderer und gönnte ihm seine Beute. In einem öden Winkel der Stadt unter einem alten Gemäuer, in das er, wie aus Instinkt, sich vor der Gefahr zu verbergen, gelaufen, sank er ohnmächtig nieder. Als er erwachte, kniete die Prinzessin neben ihm und wusch seine Stirne mit kaltem Wasser. „O Dank!" lispelte sie mit wunderlieblicher Stimme; „Dank den Heiligen, daß du erwacht bist, du mein Retter, mein alles!" – Berthold richtete sich auf, er wähnte zu träumen, er blickte mit starren Augen die Prinzessin an – ja, sie war es selbst – die herrliche Himmelsgestalt, die den Götterfunken in seiner Brust entzündet. – „Ist es möglich – ist es wahr – lebe ich denn?" rief er aus. „Ja, du lebst", sprach die Prinzessin – „du lebst für mich; was du nicht zu hoffen wagtest, geschah wie durch ein Wunder. Oh, ich kenne dich wohl, du bist der deutsche Maler Berthold, du liebtest mich ja und verherrlichtest mich in deinen schönsten Gemälden. – Konnte ich denn dein sein? – Aber nun bin ich es immerdar und ewig. – Laß uns fliehen, o laß uns fliehen!" – Ein sonderbares Gefühl, wie wenn jählinger Schmerz süße Träume zerstört, durchzuckte Berthold bei diesen Worten der Prinzessin. Doch als das holde Weib ihn mit den vollen schneeweißen Armen umfing, als er sie ungestüm an seinen Busen drückte, da durchbebten ihn süße, nie gekannte Schauer und im Wahnsinn des Entzückens höchster Erdenlust rief er aus: „Oh, kein Trugbild des Traumes – nein! es ist mein Weib, das ich umfange, es nie zu lassen – das meine glühende dürstende Sehnsucht stillt!"

Aus der Stadt zu fliehen war unmöglich; denn vor den Toren stand das französische Heer, dem das Volk, war es gleich schlecht bewaffnet und ohne alle Anführung, zwei Tage hindurch den Einzug in die Stadt streitig machte. Endlich gelang es Berthold, mit Angiola von Schlupfwinkel zu Schlupfwinkel und dann aus der Stadt zu fliehen. Angiola, von heißer Liebe zu ihrem Retter entbrannt, verschmähte es, in Italien zu bleiben, die Familie sollte sie für tot halten und so Bertholds Besitz ihr gesichert bleiben. Ein diamantnes Halsband und kostbare Ringe, die sie getragen, waren hinlänglich, in Rom (bis dahin waren sie langsam fortgepilgert) sich mit allen nötigen Bedürfnissen zu versehen, und so kamen sie glücklich nach M. im südlichen Deutschland, wo Berthold sich niederzulassen und durch die Kunst sich zu ernähren gedachte. – War's denn nicht ein nie geträumtes, nie geahnetes Glück, daß Angiola, das himmlisch schöne Weib, das Ideal seiner wonnigsten Künstlerträume, sein werden müßte, unerachtet sich alle Verhältnisse des Lebens wie eine unübersteigbare Mauer zwischen ihm und der Geliebten auftürmten? – Berthold konnte in der Tat dies Glück kaum fassen und schwelgte in namenlosen Wonnen, bis lauter und lauter die innere Stimme ihn mahnte, seiner Kunst zu gedenken. In M.

beschloß er, seinen Ruf durch ein großes Gemälde zu begründen, das er für die dortige Marienkirche malen wollte. Der einfache Gedanke, Maria und Elisabeth in einem schönen Garten auf einem Rasen sitzend, die Kinder Christus und Johannes vor ihnen im Grase spielend, sollte der ganze Vorwurf des Bildes sein, aber vergebens war alles Ringen nach einer reinen geistigen Anschauung des Gemäldes. So wie in jener unglücklichen Zeit der Krisis verschwammen ihm die Gestalten, und nicht die himmlische Maria, nein, ein irdisches Weib, ach, seine Angiola selbst, stand, auf greuliche Weise verzerrt, vor seines Geistes Augen. – Er gedachte Trotz zu bieten der unheimlichen Gewalt, die ihn zu erfassen schien, er bereitete die Farben, er fing an zu malen; aber seine Kraft war gebrochen, all sein Bemühen, so wie damals, nur die ohnmächtige Anstrengung des unverständigen Kindes. Starr und leblos blieb, was er malte, und selbst Angiola – Angiola, sein Ideal, wurde, wenn sie ihm saß und er sie malen wollte, auf der Leinwand zum toten Wachsbilde, das ihn mit gläsernen Augen anstierte. Da schlich sich immer mehr und mehr trüber Unmut in seine Seele, der alle Freude des Lebens wegzehrte. Er wollte – er konnte nicht weiterarbeiten, und so kam es, daß er in Dürftigkeit geriet, die ihn desto mehr niederbeugte, je weniger Angiola auch nur ein Wort der Klage hören ließ.

„Der immer mehr in mein Innerstes hereinzehrende Gram, erzeugt von stets getäuschter Hoffnung, wenn ich immer vergebens Kräfte aufbot, die nicht mehr mein waren, versetzte mich bald in einen Zustand, der dem Wahnsinne gleich zu achten war. Mein Weib gebar mir einen Sohn, das vollendete mein Elend, und der lange verhaltene Groll brach aus in hell aufflammenden Haß. *Sie, sie* allein schuf mein Unglück. Nein – sie war nicht das Ideal, das mir erschien, nur mir zum rettungslosen Verderben hatte sie trügerisch jenes Himmelsweibes Gestalt und Gesicht geborgt. In wilder Verzweiflung fluchte ich ihr und dem unschuldigen Kinde. – Ich wünschte beider Tod, damit ich erlöst werden möge von der unerträglichen Qual, die wie mit glühenden Messern in mir wühlte!

– Gedanken der Hölle stiegen in mir auf. Vergebens las ich in Angiolas leichenblassem Gesicht, in ihren Tränen mein rasendes freveliches Beginnen. – ‚Du hast mich um mein Leben betrogen, verruchtes Weib‘, brüllte ich auf und stieß sie mit dem Fuße von mir, wenn sie ohnmächtig niedersank und meine Knie umfaßte.“

Bertholds grausames wahnsinniges Betragen gegen Weib und Kind erregte die Aufmerksamkeit der Nachbaren, die es der Obrigkeit anzeigten. Man wollte ihn verhaften, als aber die Polizeidiener in seine Wohnung traten, war er samt Frau und Kind spurlos verschwunden. Berthold erschien bald darauf zu N. in Oberschlesien; er hatte sich seines Weibes und Kindes entledigt und fing voll heitern Mutes an, das Bild zu malen, das er in M. vergebens begonnen hatte. Aber nur die Jungfrau Maria und die Kinder Christus und Johannes konnte er vollenden, dann fiel er in eine furchtbare Krankheit, die ihn dem Tode, den er wünschte, nahe brachte. Um ihn zu pflegen, hatte man alle seine Gerätschaften und auch jenes unvollendete Gemälde verkauft, und er zog, nachdem er nur einigermaßen sich wieder erkräftigt, als ein siecher elender Bettler von dannen. – In der Folge nährte er sich dürftig durch Wandmalerei, die ihm hie und da übertragen wurde.

„Bertholds Geschichte hat etwas Entsetzliches und Grauenvolles“, sprach ich zu dem Professor, „ich halte ihn, unerachtet er es nicht geradezu ausgesprochen, für den ruchlosen Mörder seines unschuldigen Weibes und seines Kindes.“ – „Es ist ein wahnsinniger Tor“, erwiderte der Professor, „dem ich den Mut zu solcher Tat gar nicht zutraue. Über diesen Punkt läßt er sich niemals deutlich aus, und es ist die Frage, ob er sich nicht bloß einbildet, an dem Tode seiner Frau und seines Kindes schuld zu sein; er malt eben wieder Marmor, erst in künftiger Nacht vollendet er den Altar, dann ist er bei guter Laune, und Sie können vielleicht mehr über jenen kitzlichen Punkt von ihm herausbekommen.“ – Ich muß gestehen, daß, dachte ich es mir lebhaft, um Mitternacht mit Berthold allein in der Kirche mich zu befinden, mir, nachdem ich seine Geschichte gelesen, ein leiser Schauer durch die Glieder lief. Ich meinte, er könnte mitunter was weniges der Teufel sein, trotz seiner Gutmütigkeit und seines treuherzigen Wesens, und wollte mich deshalb lieber gleich mittags im lieben heitern Sonnenschein mit ihm abfinden.

Ich fand ihn auf dem Gerüste, mürrisch und in sich gekehrt, Marmoradern sprenkelnd; zu ihm herausgestiegen, reichte ich ihm stillschweigend die Töpfe. Erstaunt sah er sich nach mir um. „Ich bin ja Ihr Handlanger", sprach ich leise, das zwang ihm ein Lächeln ab. Nun fing ich an, von seinem Leben zu sprechen, so daß er merken mußte, ich wisse alles, und er schien zu glauben, er habe mir alles selbst in jener Nacht erzählt. Leise – leise kam ich auf die gräßliche Katastrophe, dann sprach ich plötzlich: „Also in heillosem Wahnsinn mordeten Sie Weib und Kind?" – Da ließ er Farbentopf und Pinsel fallen und rief, mich mit gräßlichem Blick anstarrend und beide Hände hoch erhebend: „Rein sind diese Hände vom Blute meines Weibes, meines Sohnes! Noch ein solches Wort, und ich stürze mich mit Euch hier vom Gerüste herab, daß unsere Schädel zerschellen auf dem steinernen Boden der Kirche!" – Ich befand mich in dem Augenblick wirklich in seltsamer Lage, am besten schien es mir, mit ganz Fremden hineinzufahren. „O sehn Sie doch, lieber Berthold", sprach ich so ruhig und kalt, als es mir möglich war, „wie das häßliche Dunkelgelb auf der Wand dort so verfließt." Er schaute hin, und indem er das Gelb mit dem Pinsel verstrich, stieg ich leise das Gerüst herab, verließ die Kirche und ging zum Professor, um mich über meinen bestraften Vorwitz tüchtig auslachen zu lassen.

Mein Wagen war repariert, und ich verließ G., nachdem mir der Professor Aloysius Walther feierlich versprochen, sollte sich etwas Besonderes mit Berthold ereignen, mir es gleich zu schreiben.

Ein halbes Jahr mochte vergangen sein, als ich wirklich von dem Professor einen Brief erhielt, in welchem er sehr weitschweifig unser Beisammensein in G. rühmte. Über Berthold schrieb er mir folgendes: „Bald nach Ihrer Abreise trug sich mit unserm wunderlichen Maler viel Sonderbares zu. Er wurde plötzlich ganz heiter und vollendete auf die herrlichste Weise das große Altarblatt, welches nun vollends alle Menschen in Erstaunen setzt. Dann verschwand er, und da er nicht das mindeste mitgenommen, und man ein paar Tage darauf Hut und Stock unfern des O.-Stromes fand, glauben wir alle, er habe sich freiwillig den Tod gegeben.“